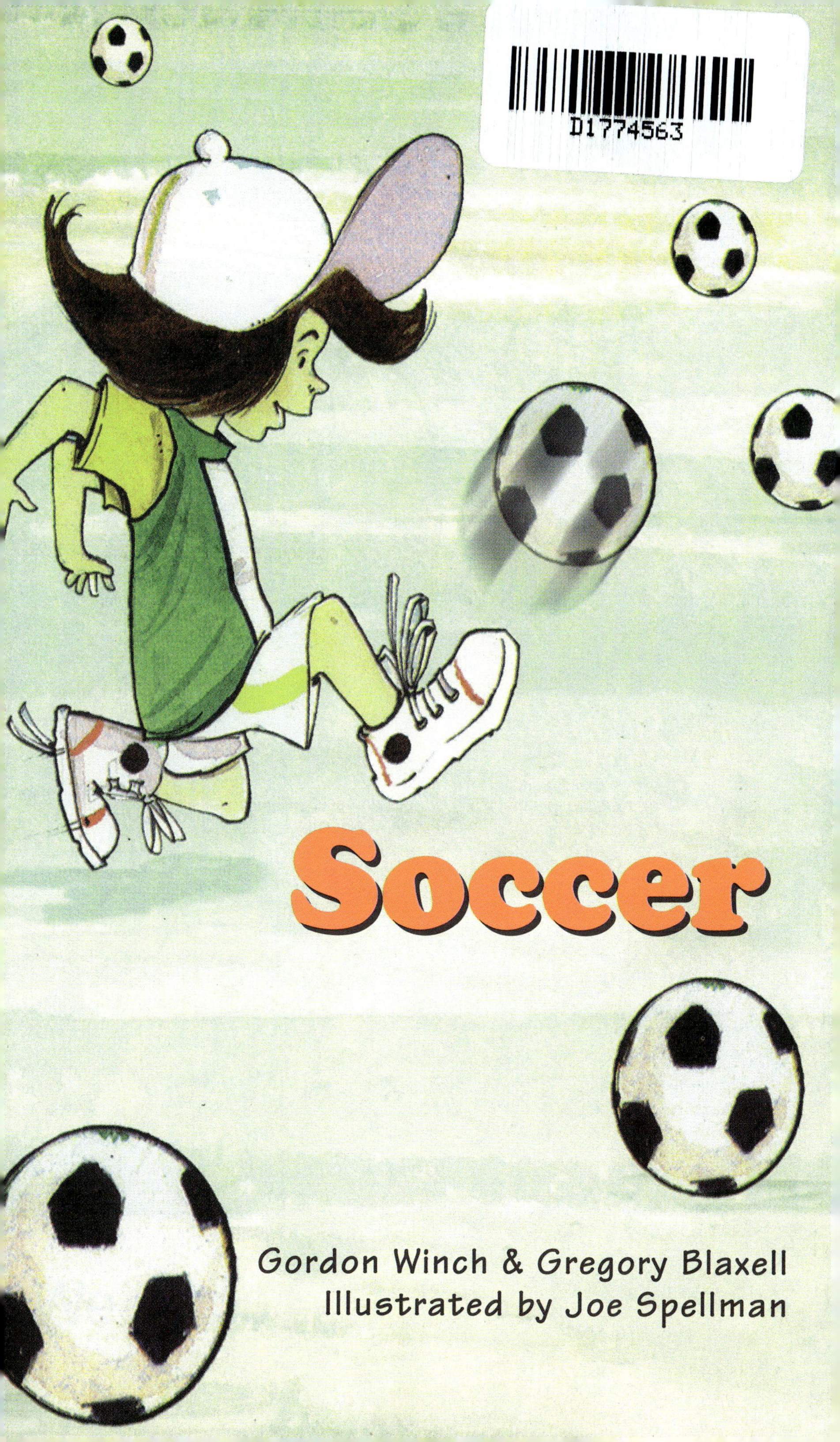

# Soccer

Gordon Winch & Gregory Blaxell
Illustrated by Joe Spellman

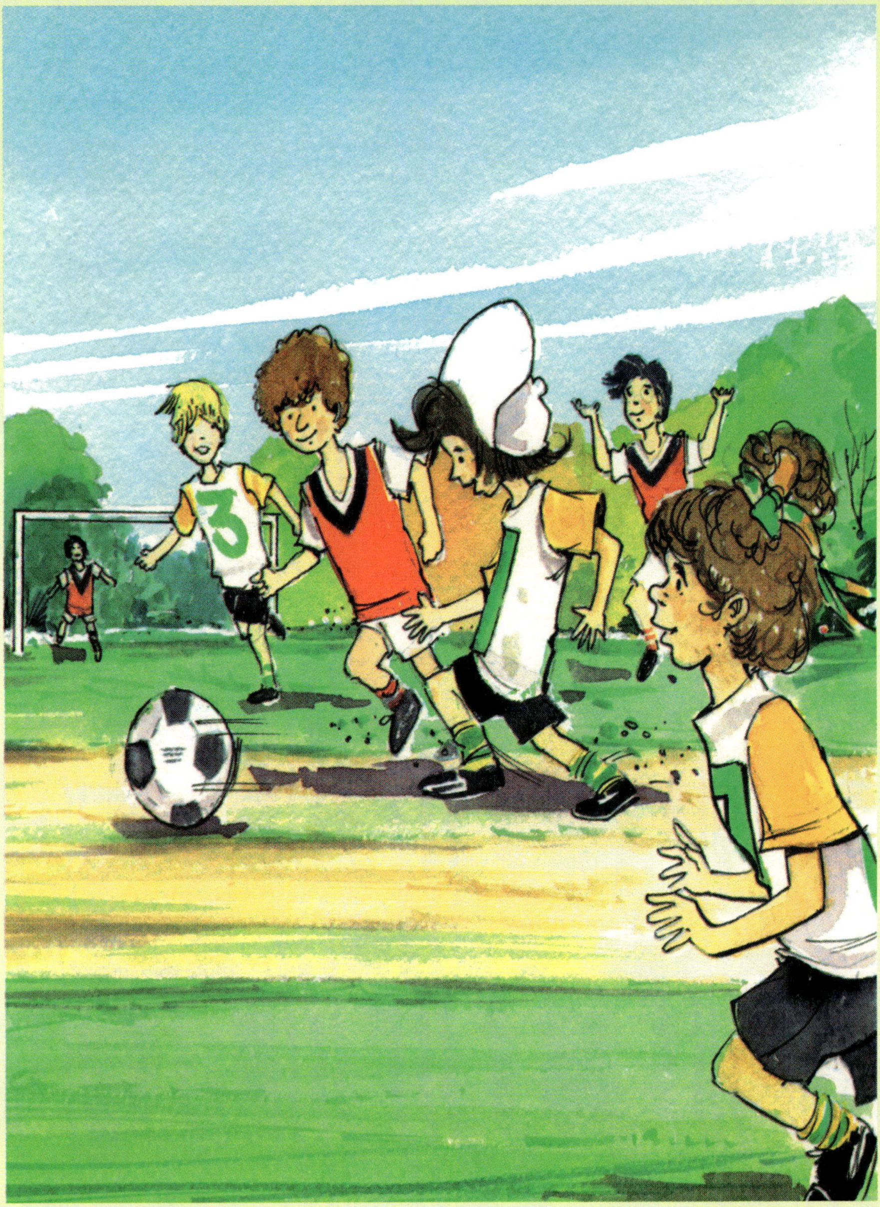


We run.

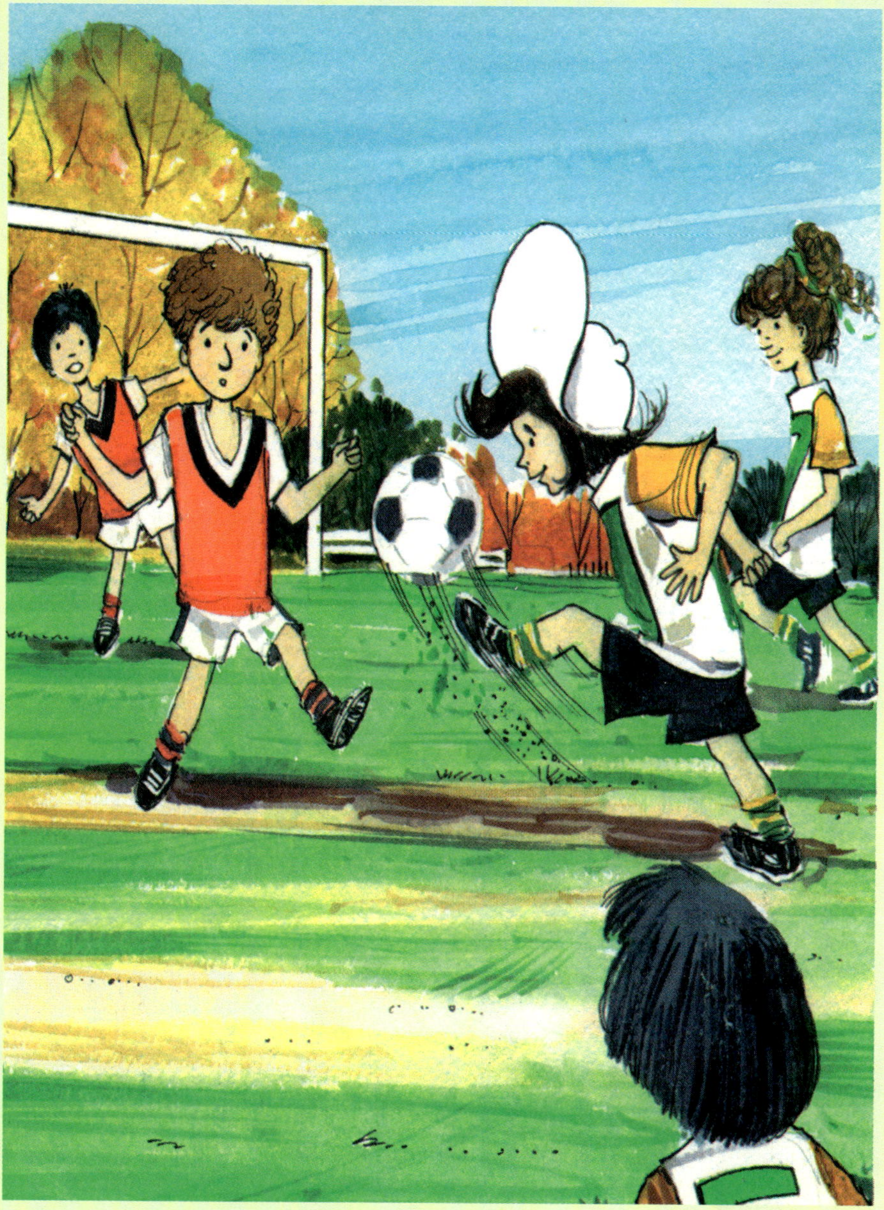

We kick.

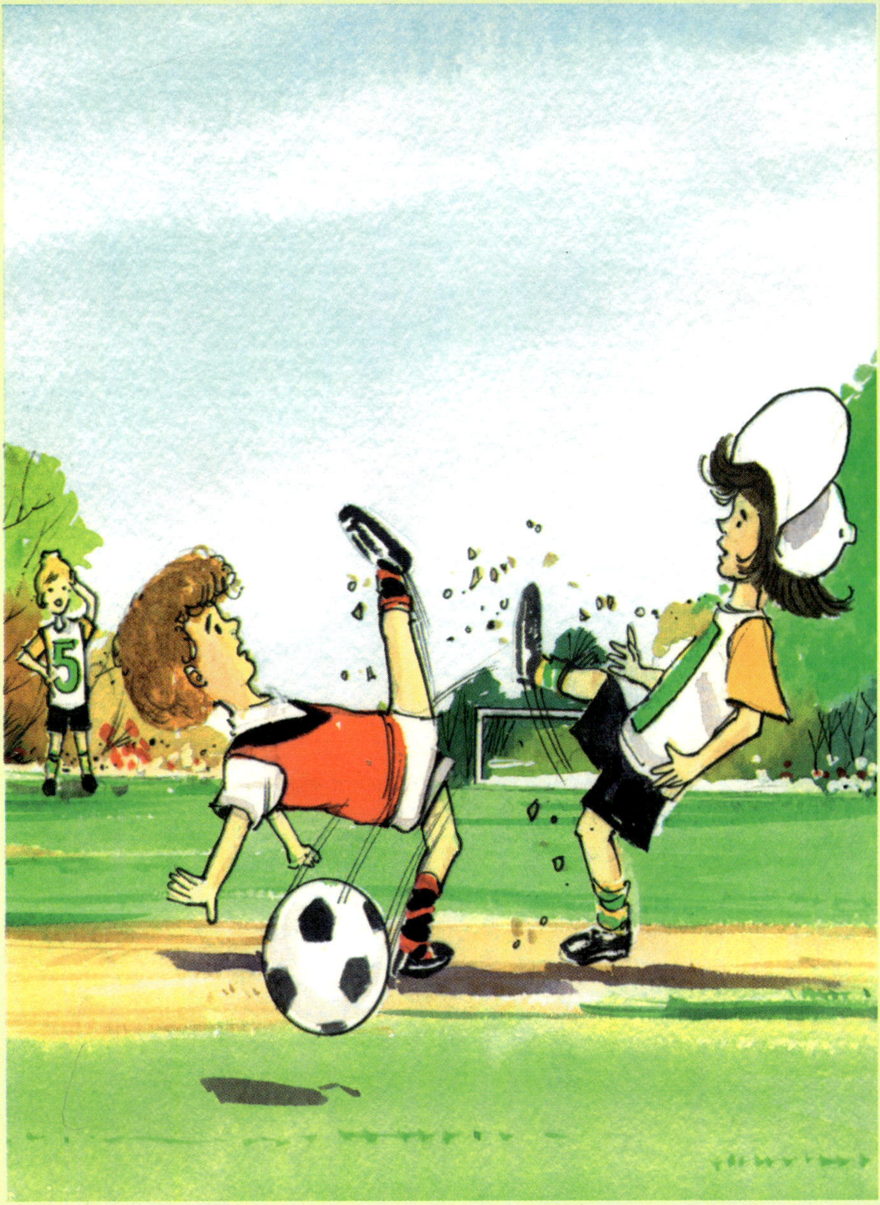


We miss.

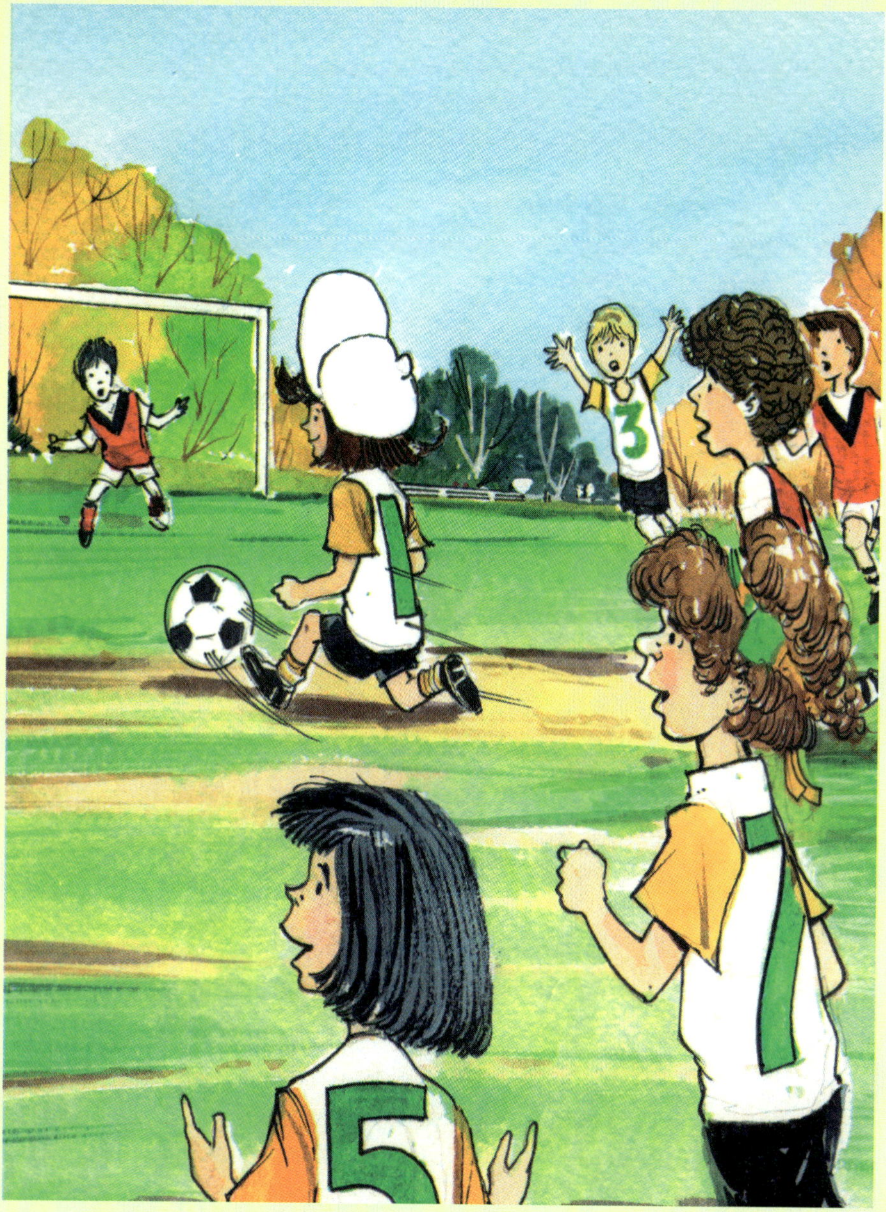


We shout.

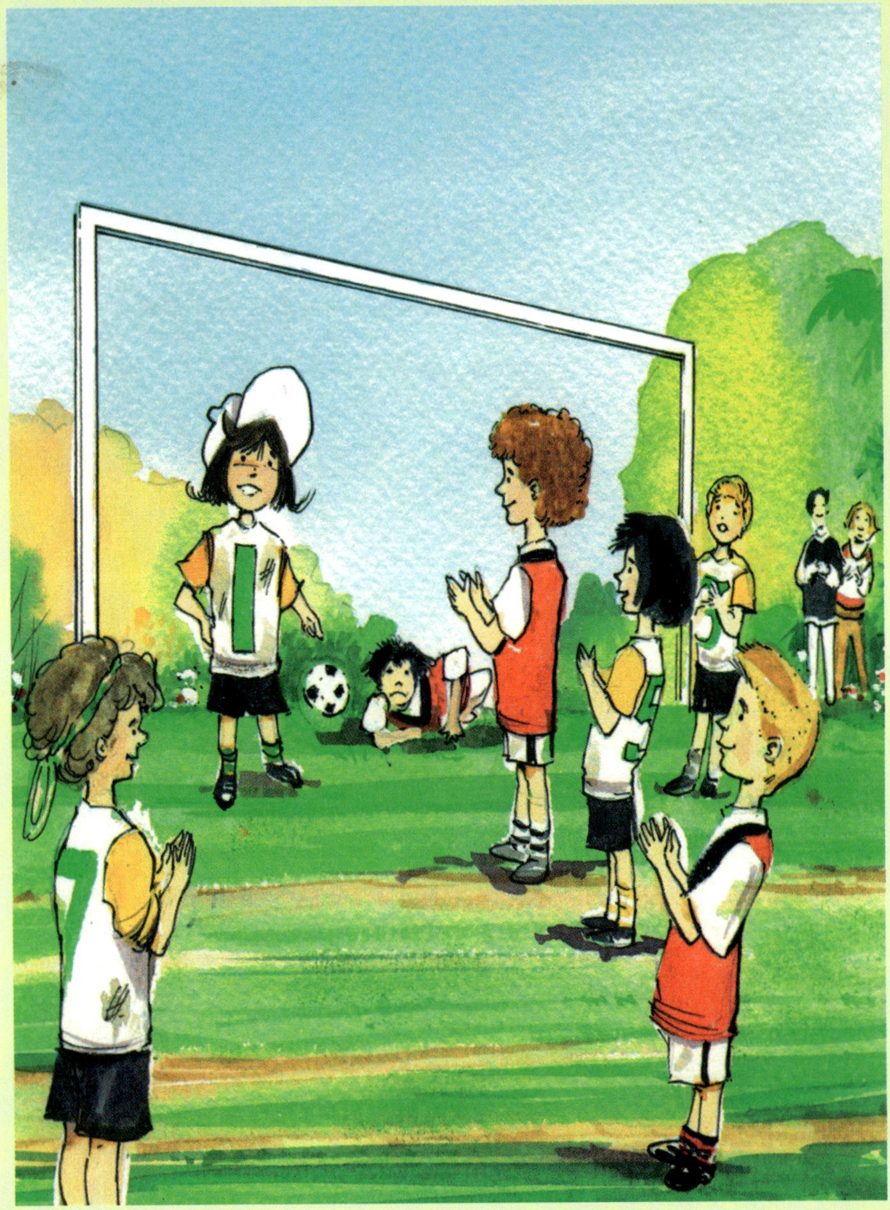

We clap.

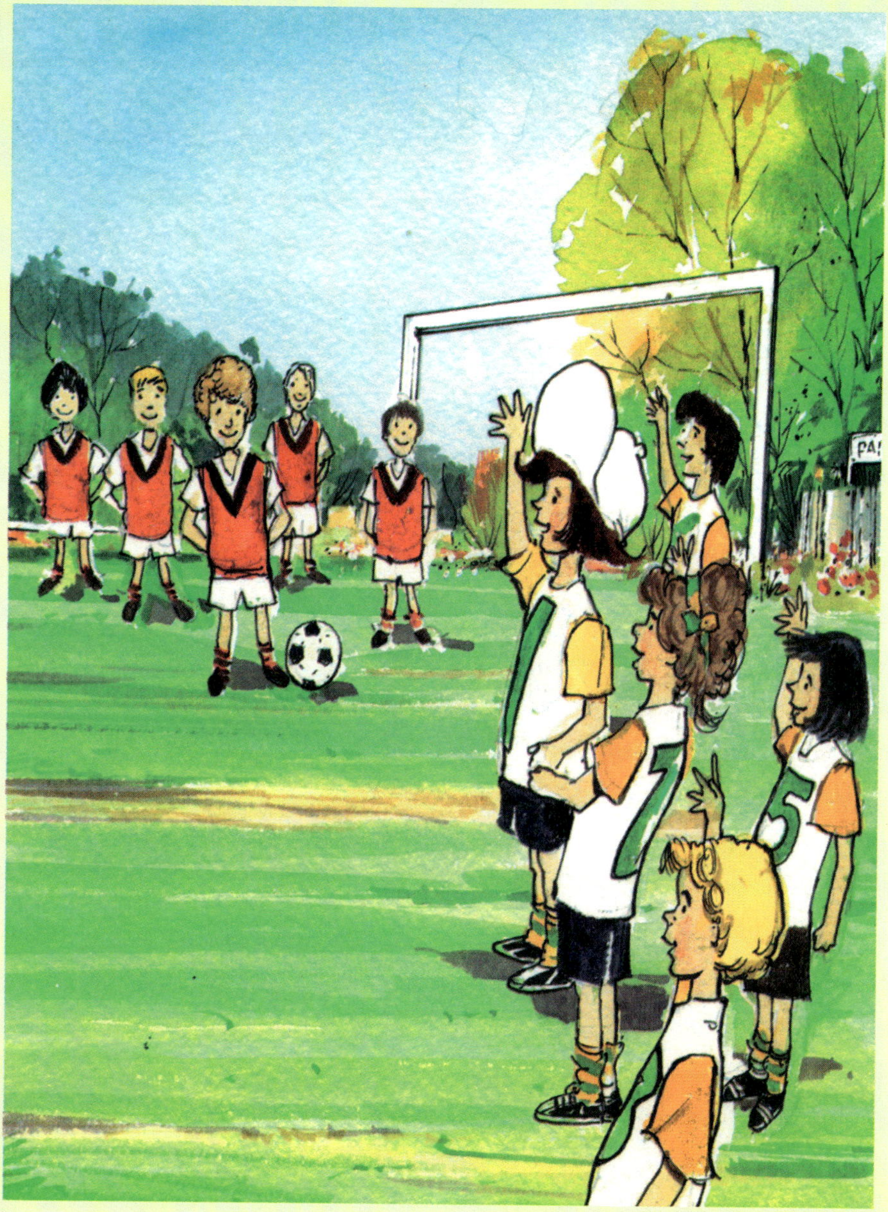


We cheer.

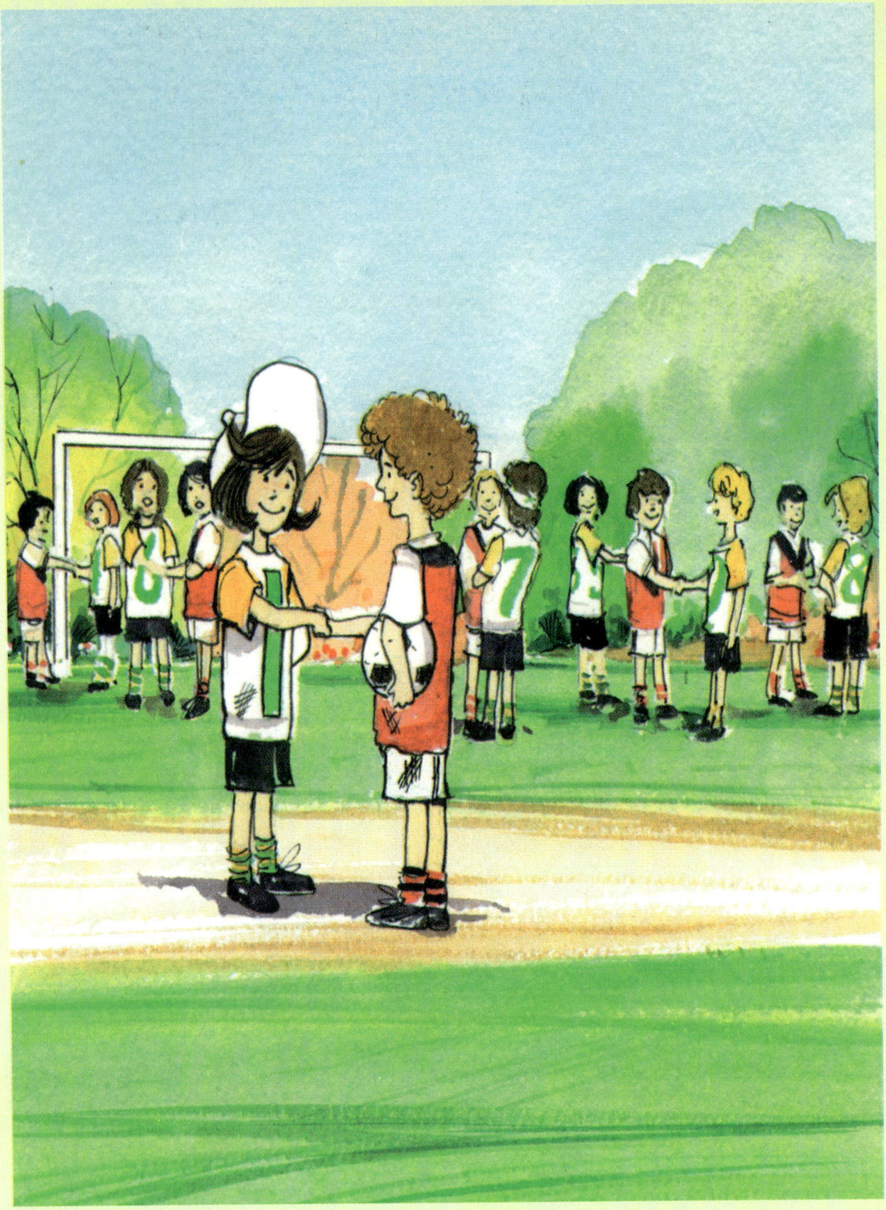

We shake hands.